Apóstol Samuel Cameroun

¿CÓMO TOMAN YA LOS HOMBRES LA SEÑAL DE LA BESTIA " 666 "

Apóstol Samuel Cameroun

¿CÓMO TOMAN YA LOS HOMBRES LA SEÑAL DE LA BESTIA " 666 "

En la mano?

CREDO EDICIONES

Imprint
Any brand names and product names mentioned in this book are subject to trademark, brand or patent protection and are trademarks or registered trademarks of their respective holders. The use of brand names, product names, common names, trade names, product descriptions etc. even without a particular marking in this work is in no way to be construed to mean that such names may be regarded as unrestricted in respect of trademark and brand protection legislation and could thus be used by anyone.

Cover image: www.ingimage.com

Publisher:
CREDO EDICIONES
is a trademark of
International Book Market Service Ltd., member of OmniScriptum Publishing Group
17 Meldrum Street, Beau Bassin 71504, Mauritius
Printed at: see last page
ISBN: 978-613-5-38357-7

Séptimo Estudio Bíblico/ 27

¿CÓMO TOMAN YA LOS HOMBRES LA SEÑAL DE LA BESTIA " 666 " EN LA MANO?

PRÓLOGO SOBRE...

Colección de la serie cristiana:

'' ¡ AQUEL QUE HAY QUE HACER ADVERTENCIA! ''

(Mateo 24:15)

Durante nuestro caminar espiritual, nos acercaremos a los fundamentos de la sana doctrina cristiana que es el pilar y el soporte de la verdad. Según el apóstol Pablo, animando a su fiel compañero en 1 Timoteo 3: 14-15, le escribió: '' *Te escribo estas cosas, con la esperanza de llegar pronto a ti, pero para que lo sepas, si me demoro., cómo debemos comportarnos en la casa de Dios, que es la Iglesia del Dios vivo, columna y sostén de la verdad* ''. Siguiendo al apóstol Pablo, los estudios de esta serie, a lo largo, unirán los temas de la doctrina bíblica con los de la profecía, porque Jesucristo exhorta fraternalmente a la Iglesia que es `` Miembro de su Cuerpo, siempre está presente junto a su familia. Para ello, las enseñanzas de la presente colección se basarán principalmente en los libros conjuntos de Apocalipsis (Apocalipsis), yuxtapuestos con el de *Daniel,* para confirmar esta buena nueva del mensaje del evangelio. Ya que, al final de los siglos, la doctrina evangélica, los diez mandamientos de Moisés y la profecía fueron preciosamente recomendados a los cristianos genuinos, para que les sirvieran de brújula en las tinieblas de las tinieblas del mal. Esto se debe al espíritu de desconcierto que llevó a la apostasía doctrinaria, ahora muy popular, entre todas aquellas comunidades de cristianos que afirman que la Biblia llama " *¡ Babilonia la grande, la madre de lo prohibido!* " » *Apocalipsis 17: 5.*

Además, debemos buscar a Dios con todas nuestras fuerzas, ¡nosotros que somos la generación al final de la historia de este mundo destinada a su inminente y eterna ruina! Es solo Jesús, quien ha determinado las condiciones de su salvación para cualquiera que sinceramente quiera escapar saliendo de este mundo impío. Porque él declara solemnemente: " *nadie puede venir a él si el Padre no lo atrae...* " Sin embargo, una vez que viene al Señor, sepamos también que Jesús agrega: " *nadie puede venir a Dios sin pasar por él (Jesús)* ". Finalmente, ¿cuál es el objetivo de nuestro caminar cristiano? ¿ Y qué es la Iglesia de Cristo? ¿Puede ser una organización denominacional? - ¿Las Asambleas Cristianas tienen que depender de alguna agencia gubernamental para probar que son la Iglesia de Cristo?

Mientras los verdaderos cristianos se preparan para afrontar la peor persecución de la historia santa, por el " **666** " que pronto condicionará a todo hombre, - ¿Deberían nuestras finanzas, como los diezmos, comprometerse para ganarnos el cielo? - ¿Está Cristo todavía presente en estas denominaciones llamadas Iglesias? - ¿Quién debería ser la cabeza de la Iglesia de Cristo? - ¿Cómo se están construyendo actualmente las comunidades cristianas bajo el único Pastor, Jesucristo? - ¿Tiene la Iglesia de Cristo líderes visibles? - ¿Puede esta

Iglesia de Cristo mantener la corrupción? ¿Puede comprometer tan poco nuestra salvación por algunas doctrinas no bíblicas? ¿Qué iglesia de hecho hoy está perfectamente de acuerdo con la santa voluntad de Cristo revelada en la Biblia?

Para todas estas preguntas y tantas otras que sin duda olvidamos, la colección `` *Que los que lean, presten atención* '', ofrece exclusivamente respuestas bíblicas sencillas y bastante completas según cada tema abordado. Las respuestas a estas preguntas anteriores en enunciado, digámoslo, solo se darán a los corazones humildes, por eso esta serie cristiana *"Tenga cuidado el que lee"*, es una serie de mensajes vivos. Fueron diseñados con las necesidades espirituales de nuestra generación en mente, especialmente las profecías que la Biblia, a través de la revelación y la enseñanza doctrinal de Cristo, los apóstoles y profetas de la antigüedad, nos invita a escudriñar día y noche sin descanso. en una vida de oración, su cumplimiento, a fin de darnos la fuerza para comparecer ante el Hijo de Dios en el último día. Aquí está la promesa de Cristo a su Iglesia: *" Al que venciere y guarde mis obras hasta el fin, le daré autoridad sobre las naciones.* » Apocalipsis 2:26

NB: A menos que se indique lo contrario, las referencias bíblicas citadas en los estudios están tomadas de la versión de las Sagradas Escrituras (Louis Second). Y para cada tema, puede consultar el resumen en las páginas **34** y **36.** Por la indicación ordinal (pregunta-respuesta), cualquier reacción en particular, podría provocar un apoyo bíblico y/ o comunitario personalizado, por pequeño que sea, ya sea que se manifieste en nuestro sitio web, por llamada telefónica de WhatsApp o en nuestra dirección de correo electrónico marcada en la parte inferior de cada página.

De este modo, la Iglesia les presenta una serie de *" 27 estudios bíblicos ",* complementando la mayor cantidad de mensajes de video y audio en una versión electrónica descargable desde el sitio web *www Christians-Église.org.* ¡Todo esto por igual número de folletos, para ser ofrecidos progresivamente, como el Señor Yahvé Dios provee con misericordia y gracia en Jesucristo!

Toda esta colección se ofrece de forma gratuita, con el fin de respetar el espíritu de Cristo que nos recomendó donarla, ya que la recibimos gratis:

¡ENTONCES NO DEBE A NADIE VENDER ESTA PALABRA DE DIOS!

Pero primero, lo invitamos a recibir la carta del autor escrita para sus lectores. Esta carta podría servir como hoja de ruta y guía educativa. Sin embargo, nunca es cristiano creer que nuestro Señor actuará de manera idéntica en todos los casos, durante tu crecimiento espiritual o en el ministerio pastoral de evangelización a través de ti. Es por ello que, una vez más, los invitamos a permanecer atentos a su voz espiritual, a través del canal infalible que representa para cualquiera, la lectura asidua de su palabra, la Biblia.

CARTA DE ANIMACIÓN DEL AUTOR, PARA USTED!

Hermanos y hermanas, que la paz de Dios, que sobrepasa todo entendimiento, guarde sus pensamientos en Jesucristo. ".

Acoger, tomando con la Iglesia, el pequeño y angosto camino que conduce a la eternidad, y del que sólo el Hijo de Dios es Su Guía y Soberano Pastor...

En primer lugar, le aconsejaremos durante su estudio bíblico que sea crítico con el significado de las doctrinas que abordarán estas santas cartas. En esto, seguirás las recomendaciones de los Apóstoles según Hechos 17:11. " Estos judíos tenían sentimientos más nobles que los de Salónica; recibieron la palabra con gran entusiasmo y examinaron las Escrituras todos los días para ver si lo que se les decía era correcto. "

A medida que crece como cristiano, lea su Biblia con regularidad. Escuche al Espíritu Santo. Comparta esta riqueza con otros. Sea generoso, especialmente con los que le rodean. Sepa cómo fomentar las iniciativas de estudios comunitarios. Pon a prueba a quienes con espíritu de vana crítica te acusarán de sectario. Lucha sin dejarte distraer por los enemigos de tu alma. Simplifique su vida cristiana. Ayude a los pobres de su vecindario, comenzando por los miembros de su familia. Participe en campañas de evangelización pública. ¡Explota todos los nichos de la comunicación y difunde las buenas nuevas como sembradores de vida!

No ignore a nadie en sus oraciones. Invoca el favor de Yahvé Dios a los que te escuchan, pero también a los que te resistirán. "No tengas enemigos…, vive en paz con todos… y mantente en perfecta armonía… ", con toda la Iglesia de Cristo local en el país, ciudad o distrito de tu residencia.

Hermanos y hermanas, " huid del pecado " y " sed santos " porque " nuestro Dios es Santo. " Y en agradecimiento a Dios por haberte salvado y enviado ", cántale constantemente y cánticos espirituales bajo la inspiración de su Espíritu. "

Como has " recibido gratis ", ¡no rompas esta cadena de solidaridad! Con los nuevos discípulos, comience presentando el evangelio y luego aborde los temas doctrinales según su audiencia y sus necesidades espirituales. Podrás elegir los temas que más te convengan, obedeciendo la voz del Espíritu Santo. Y como el " eunuco etíope " sabe que Cristo se les unirá en el camino cuando te tomes la molestia de enseñárselo, especialmente a los jóvenes. Entréguense a sus Hermanos Cristianos " como ofrenda a Dios ", porque " la mies es mucha pero los obreros pocos. " Además, recuerda la promesa de Cristo en la parábola de " obreros de la última hora "

Así, " nuestro gozo será perfecto " al saber que van camino a la patria celestial, siendo hijos de Dios y siervos de Cristo, si han aprendido que " no hay mayor amor que dar la vida por aquellos a quienes amamos ". amor ". Así como " hay más alegría en dar que en recibir "

Por último, ser feliz, a la espera de nuestro Salvador Jesús, que " se no se olvide de su participación en la propagación del Evangelio y el mensaje de la verdad ". No temas sino a Dios mismo. Y luego, muy rápidamente cuéntanos sobre tu testimonio: dones que el Espíritu Santo te habrá otorgado, con miras a perfeccionar el cuerpo de Cristo. " ¡ Sean bendecidos en todos los sentidos! "

Entonces, " ***AMADOS*** *", reciban estos estudios bíblicos como un regalo del Señor Jesús, transmitidos por el ministerio de evangelización de su Iglesia en Camerún, por su devoto servidor y modesto hermano de África, que desea recordarles que Yahwéh Dieu, a través de su Hijo Jesucristo, te ama con Amor Eterno. También crea en nuestro devoto afecto fraterno, a través del anticipo del Espíritu Santo. Amén.*

NB: *Al final del estudio bíblico, en la (* **página 38** *) de este título, encontrará los diferentes temas propuestos en la colección de estudios bíblicos "Tenga cuidado el que lee". Recordamos a los lectores que esta serie de estudios bíblicos cristianos está disponible sin cargo para su edificación en www.chrétiens-Église.org*

SAMUEL CAMERÚN, Apóstol del Señor Jesús Cristo.
camerounsamuel@gmail.com *Tel + 237 690600469 o + 237 679647767*

Texto meditativo para leer

Ezequiel 20: 9-16,19-21

" Santifica mis sábados, y sean entre Tú y yo una señal "

Sin embargo, obré por mi nombre, no se contaminó delante de las naciones entre las cuales estaban, a cuyos ojos me di a conocer a ellos, para sacarlos del país de Egipto. Y los saqué de la tierra de Egipto y los traje al desierto. Les di Mis leyes y les di a conocer Mis ordenanzas, que el hombre debe poner en práctica para vivir de acuerdo con ellas. También les di mis sábados como señal entre ellos y yo, para que supieran que yo soy el Señor que los santifica. Y la casa de Israel se rebeló contra mí en el desierto. No siguieron mis leyes y rechazaron mis ordenanzas, que el hombre debe hacer para vivir de acuerdo con ellas, y profanaron mis sábados en exceso. Tuve la idea de derramar mi furia sobre ellos en el desierto, para aniquilarlos. (...) En el desierto, levanté la mano hacia ellos, para no llevarlos a la tierra que les había destinado, una tierra que fluye leche y miel, la más hermosa de todos los países, y esto porque rechazaron mi ordenanzas, y no siguieron mis leyes, y porque profanaron mis sábados, porque su corazón no se apartó de sus ídolos. (...) Yo soy el Señor tu Dios. Sigue mis preceptos, guarda mis ordenanzas y hazlas. Santifica mis sábados, y sean una señal entre tú y yo, por la cual se conozca que yo soy el Señor tu Dios. Y los hijos se rebelaron contra mí. No siguieron mis preceptos, no observaron ni cumplieron mis ordenanzas, que el hombre debe hacer para vivir de acuerdo con ellas, y profanaron mis sábados. Tuve la idea de derramar mi furia sobre ellos, de agotar mi ira contra ellos en el desierto. "

INTRODUCCIÓN

¿ Le sorprende saber que Dios tiene una señal especial, una marca que mancha en sus siervos?

¿Le sorprendería saber que si una persona no usa esta marca cuando Jesús regrese, no podrá entrar en el reino de Dios?

¿Le sorprendería saber que la mayoría de las personas desconocen por completo la existencia de un sello y, por lo tanto, no les importa?

¿Le sorprenderá al descubrir que uno de los principales propósitos de la revelación es para identificar el sello de Dios y restaurar que?

Por increíble que parezca, las afirmaciones anteriores son ciertas. Pocas cosas son más importantes para Dios que su sello. Ay, cuando Dios mira a sus hijos, ahora debe mirar con tristeza al notar que " *el sello no pasa* " *a* la mayoría de ellos porque ya se habrían llevado el de la Bestia " *666* ".

Es muy importante proceder incluso por la eliminación, en el fin de ejercer una bastante informado juicio en el sonido doctrina de que esta serie de estudios bíblicos se propone llevar a que en el nombre de Cristo! Sepa que, para un asunto tan capital como el 666, la urgencia de evitar esta marca pronto indeleble, dependerá en primer lugar de nuestro uso apropiado de las Sagradas Escrituras, La Biblia. En conjunto de su entendimiento acti vo para eso es que " 666 ' '. El éxito dependerá únicamente de su capacidad para eliminar las ideas preconcebidas sobre una doctrina que se enseña con un nombre diferente al que siempre ha pertenecido. En este momento no es tanto la enseñanza falsa s el diablo hace circular en el " 666 ' ', en detrimento de sonido doctrina, naturalmente. Este estado de cosas podría llevar a algunas personas a rechazar sistemáticamente la Biblia de la Verdad con el mismo riesgo de rechazar a Dios mismo, ¡ incluso! Pero la enseñanza sobre " cómo la gente ha tomado ya EL 666 EN MANO " f ut le entregó en su comunidad a través de su s usual, que e esta gente sería inmediatamente enlazado. Pero esta probabilidad sigue siendo muy pequeña: *Mateo 9: 16-17 " Nadie pone remiendo de paño nuevo en vestido viejo; porque se quitaría parte del vestido y el desgarro sería peor. Tampoco pones vino nuevo en odres viejos; de lo contrario, los odres se rompen, el vino se derrama y los odres se pierden; pero el vino nuevo se echa en odres nuevos, y el vino y los odres se conservan. ",* Dijo Cristo. Entonces n e hizo no err eur niegan la verdad con el único hecho de que se comparte con una o más iglesias aur que ha defraudado, o que no proviene de una calidad de miembro de su comunidad. Por una u otra razón, hacer no cierra la puerta de tu corazón a Jesús, por la Verdad no pertenece a una obediencia, aún menos a una comunidad, especialmente no a un ser humano hombre o sistema. La verdad va más allá de toda consideración humana. Por tanto, no puede ser prerrogativa de un círculo; sea lo que

sea! *Juan 21:25 "Hay muchas otras cosas que hizo Jesús; si los escribiéramos en detalle, no creo que el mundo mismo pueda contener los libros que escribiríamos. "* En realidad, la Verdad
que tiene es, y siempre ha existido como esa persona. Jesús declara en La Santa Biblia: *Juan 14: 6 " Yo soy el camino, la verdad y la vida. Nadie viene al Padre sino por yo. "*

Ore mucho al estudiar una doctrina tan verdadera y vital para su salvación indispensable. Con fuerza que el Espíritu Santo abre los oídos de su entendimiento, para
despertar una Fe Verdadera que debe perma necer a pesar del desgaste y el paso del tiempo...

EL SÍMBOLO DE UNA APOSTASÍA ESPIRITUAL

1. **¿Dice Dios que solo una parte del mundo se verá afectada por esta apostasía?** Apocalipsis 14: 8

   " *Y otro, un segundo ángel le siguió, diciendo: Ha caído, ha caído, Babilonia la grande, que hizo beber a todas las naciones del vino del furor de su fornicación.* "

2. **¿Qué mandamiento da Dios acerca de Babilonia?** Apocalipsis 18: 4

   " *Y oí otra voz del cielo que decía: Salid de en medio de ella, pueblo mío, para que no participéis en sus pecados ni en sus plagas.* "

   Nota: El orden es para el pueblo de Dios. Muchos todavía están en Babilonia. Con amor, Dios los llama a salir antes de que le alcancen las condenas.

3. ¿Cuáles son las razones por las que Dios quiere que su pueblo abandone Babilonia? *Apocalipsis 18: 1-3*

a. " Una casa de ... ... "
b. " Un refugio de todo ... . "
c. " Las naciones beben su ..... "
d. " Ella se complació en ... ... con los reyes de la tierra. "
e. " No participes en su ... ... "
f. " No participar en su ... . "
g. " Sus pecados han llegado a....... "
h. *" D Gd se acordó de ella........... "*

Nota: Es obvio que la justicia divina se decide en el juicio de Babilonia: sobre la cuestión de sus acciones perversas, ver satánico. Así que, él se encargará de ella. Sea lo que sea, es mejor que el pueblo de Dios salga de en medio de ella.

LLAMADA DE CÁLCULO PARA IDENTIFICAR LA MARCA DE LA BESTIA: EL 666

(Ver lección N ° 4 `` LA GRAN SEÑAL DE LA BESTIA, LA (666) REVELADA ''.

4. **¿Qué representa una bestia en la Biblia?** *Daniel 7:23*

   " Me habló así: El cuarto animal es un cuarto reino que existirá en la tierra, diferente de todos los reinos, y que devorará toda la tierra, la hollará y la quebrantará. "

   Nota: En la profecía, las bestias representan reinos, gobiernos o poderes terrenales.

5. **Esta bestia viene del mar. ¿Qué es el mar?** *Apocalipsis 13: 1; 17: 15*

   " Y se paró sobre la arena del mar. Entonces vi una bestia que subía del mar, que tenía diez cuernos y siete cabezas, y en sus cuernos diez diademas, y en sus cabezas nombres de blasfemia. ".

Nota: En la profecía, las aguas representan a los habitantes de la tierra.

6. ¿Cuáles son los doce puntos para identificar a la Bestia?

1. Ella recibe su poder, asiento y autoridad del Dragón.
2. Se convierte en una potencia mundial
3. Ella aparece después de la caída de la Roma Imperial (*Daniel 7:24*)
4. Ella gobernó durante 42 meses proféticos o 1260 años
5. Ella es culpable de blasfemia
6. Ella recibe una herida fatal de la que se cura
7. Recibe adoración, de la cual es una potencia religiosa.
8. Ella persigue a los santos de Dios
9. Tiene un número místico " 666 "
10. Ella se levanta del Abismo y va a su perdición

11. Ella recibe el reinado por una hora con la Bestia
12. Establece ocho reyes, el octavo de los cuales reina actualmente por un período de una hora con diez reyes.

Nota: Una sola potencia cumple todas sus características. La historia prueba que el jefe de la Iglesia Católica recibió su poder, sede y autoridad de la Roma pagana; que fue una potencia mundial durante 1260 años (538-1798) durante los cuales dio muerte a un gran número de cristianos que se negaron a adorarla; levantó pretensiones blasfemas s, reclamando el derecho de perdonar pecados, y que el obispo de Roma es " *Dios en la tierra.* "

7. ¿Por qué nos pide Dios que conozcamos la señal de la Bestia? *Apocalipsis 13: 15 - 18*

" *Y le fue dado animar la imagen de la bestia, para que la imagen de la bestia hablara, y hacer que todos los que no adoraran la imagen de la bestia fueran muertos. Y ella hizo que todos, pequeños y grandes, ricos y pobres, libres y esclavos, a recibir una marca en la mano derecha o en la frente, y que nadie podría comprar ni vender, sin tener la marca, el nombre de la bestia o el número de su nombre. Aquí está sabiduría. El que tenga inteligencia, calcule el número de la bestia. Porque es el número de un hombre, y su número es seiscientos sesenta y seis* ".

Nota: El Apocalipsis usa la antigua costumbre de dar un valor numérico a los nombres y títulos, identificándolos así. El título más importante del Obispo de Roma es " Vicario del Hijo de Dios ", *en latín* " VICARIUS FILII DEI ". *El valor numérico de este título es exactamente* " *666* "

PRIMERA INTERPRETACIÓN DEL SIGNO DE LA BESTIA *" 666 "*

Letras	Correspondencia
V	5
I	1
VS	100
A	0
R	0
I	1
U	5
S	O
SUB TOTAL 1	112

F	0
I	1
L	50
I	1
I	1
SUBTOTAL 2	53

D	500
mi	O
I	1
SUBTOTAL 3	501
ADICIÓN	112 + 53 + 501 =
Total general del Jefe del título de la Iglesia Católica Romana VICARIUS FILII DEI	
666	

SEGUNDA INTERPRETACIÓN DEL SIGNO DE LA BESTIA EL *" 666 "*

Nota: Y también un segundo nombre que aún caracteriza al jefe de la Iglesia Católica de `` **DUX CLERI ' ',** que significa `` **Luz del Mundo "** y por lo tanto **niega** ser el garante ya que la Biblia declara que 'blasfemaría el santuario de Dios hasta el punto de proclamarse Dios mismo. A tal efecto, aquí está el significado de **DUX CLERI = LUMIERE DU MONDE.**

Nota: Calculemos el significado de este nombre en números romanos - que se recuerda - una escritura de origen romano como sugiere su nombre:

Letras	**Correspondencia**
D	**500**
U	**5**
X	**10**

Subtotal 1	515
VS	100
L	50
mi	0
R	0
I	1
Subtotal 2	151
ADICIÓN	515 + 151 =
Total g eneral título gerente de la Iglesia Catholiqu ae Romaine DUX CLERI	
" 666 "	

8. ¿Quién da esta advertencia? *Apocalipsis 3:19*

Jesús dijo: " *Reprendo y castigo a todos los que amo. Por tanto, sé celoso y arrepiéntete.* "

Nota: Este es un mensaje de amor de Jesús. Hay hijos de Dios en todas las comunidades del mundo. Si se convierten y aceptan entrar en la única Iglesia que Cristo Jesús dejó atrás. ¡Vamos a llevarnos bien! ¡Solo aquellas almas que se conviertan a Cristo pueden ser salvadas de la ira de Dios por venir! La palabra de Dios no se negocia con su audiencia, sino que se dicta a todos. Sea quien sea, el plan de Dios es para usted. Jesús no vino a condenar al mundo; sino para salvarlo. Pero solo lo tiene con la libertad de los que llaman con su dulce voz de amor, y no como antes.

9. ¿Por qué les pide Dios a los ángeles que detengan los vientos de la destrucción final? Apo calipsis 7: 1-3

" *Después vi cuatro ángeles de pie en los cuatro ángulos de la tierra; Reprimieron los cuatro vientos de la tierra, para que ningún viento sople sobre la tierra, ni sobre el mar, ni sobre ningún árbol. Y vi a otro ángel que ascendía por el lado del sol naciente y sostenía el sello del Dios viviente; clamó a gran voz a los cuatro ángeles, a quienes se había dado para dañar la tierra y el mar, y dijo: No dañéis la tierra, ni el mar, ni los árboles, hasta que hayamos sellado las frentes de los siervos. de nuestro Dios.* "

Nota: Dios retiene la devastación de la tierra hasta que su pueblo haya recibido su sello, que es el cumplimiento de sus mandamientos, incluidos los tres primeros y el cuarto relacionados con el sábado. Pronto todos en la tierra serán parte de un grupo u otro: el de Dios.

COMO RECORDATORIO: ¿Cómo han HOMBRES YA TOMAR 666 en el frente.

10. ¿Se anuncia el 666 en las epístolas? 1 par de jeans 2: 18-20

" Hijitos, es la última hora, y como habéis oído que viene un anticristo, ahora hay varios anticristos: por esto sabemos que es la última hora. Salieron de entre nosotros, pero no estaban entre nosotros; porque si no hubieran sido res, se habrían quedado con n e, pero esto sucedió por lo que se expresó que no todos somos de nosotros. Para ustedes, han recibido la unción del Santo, y todos tienen conocimiento. "

Nota: Por primera vez es anunciado en la Biblia el 666 por el Apóstol Juan, como precursor de la profecía del fin de los tiempos, ¡ya encontramos en la epístola hechos serios sobre

el tema! Además, debemos recordar que en el Evangelio de Juan, Dios no le había dado a

Juan para hablar de los eventos del fin de los tiempos. Ciertamente hacerlo en todo un libro, el de Apocalipsis.

CÓMO SE INDICA EN LA MANO LA SEÑAL DE RECONOCIMIENTO DOCTRINAL DEL " 666 "

11. ¿Cuál es entonces la señal de la bestia marcada con una e en la mano?

ESCUCHEMOS LO QUE DICE EL VATICANO DE SÍ MISMO:

Nota: La siguiente cita es de " **Catholic Record of London, Ontario, Canadá** ", el 1 st de septiembre de 1923: " *El domingo es nuestra marca de la autoridad... La iglesia está por encima de la Biblia y esta transferencia de 'la observancia del sábado lo demuestra '.*

12. ¿Existe alguna otra evidencia de este cambio?

Si. En " **Catecismo de Conversión de la doctrina**
católica ", Por ***PETER Geiermann,*** en la página " 50 ", leemos esto:
Pregunta: ¿Qué es el día de reposo?_
Respuesta: **El** sábado es el día de reposo._
Pregunta: ¿ A qué observamos el domingo en lugar del sábado?
Respuesta: Porque la Iglesia ha cambiado la solemnidad del sábado del sábado al domingo.

Nota: El líder de la Iglesia Católica afirma haber cambiado el día de culto del sábado al domingo y que la observancia de este último por parte del mundo es un signo de su autoridad y poder. Resumimos diciendo que la marca del sello del poder de Dios es el sábado y su observancia, mientras que la marca o señal del poder de la Bestia en asuntos religiosos es el domingo y su observancia. Las fuentes católicas y romanas, demasiado numerosas para ser citadas aquí, dan testimonio de este cambio.

13. ¿ El jefe de la Iglesia Católica ha cambiado el 4º mandamiento? Daniel 7:25

" Él hablará palabras contra el Altísimo, que oprimirá a los santos del Altísimo, y él va a esperar cambiar los tiempos y la ley; y los santos serán entregados en su mano por un tiempo, un tiempo y medio. "

Nota: La profecía de Daniel 7 es paralela a la de Apocalipsis 13. El mensaje es claro. El

Jefe de la Iglesia Católica espera para cambiar el día de culto de Dios, pero el 4 mandamiento es siempre un requisito. El domingo no es un día sagrado.

14. En el tiempo de Ezequiel, ¿cuál era la preocupación de Dios? Ezequiel 22: 26

" Sus sacerdotes violan mi ley y profanan mis santuarios, no distinguen lo que es santo de lo profano, no dar a conocer la diferencia entre lo que es impuro y lo puro, se ven lejos de mis días de reposo, y estoy profanadas entre ellos ".

Nota: Esto todavía sucede hoy. Varios líderes de la iglesia dicen: *" No hay diferencia entre el sábado y el domingo "*. Pero Dios siempre repite: *" desprecias mis santuarios, profanas mis sábados " (Ezequiel 22: 8).*

15. ¿Qué dice Dios sobre los intentos de cambiar su ley? Deuteronomio 4: 2

" No agregarás nada a lo que te mando, ni tomarás nada de ello; pero guardarás los mandamientos del SEÑOR tu Dios, como yo te mando. "

Nota: Las iglesias populares están avergonzadas porque, como hemos visto anteriormente, prácticamente todas las iglesias admitieron en sus textos oficiales que no hay ningún mensaje en las escrituras a favor de la santidad dominical.

CÓMO SE RECIBE LA MARCA EN LA MANO

Éxodo 16: 23-29

" Y Moisés les dijo: Esto es lo que mandó el SEÑOR. Mañana es el día de reposo, el sábado consagrado al Señor; Cocine lo que tenga que cocinar, hierva lo que tenga que hervir, y ponga en reserva hasta la mañana todo lo que quede. Lo dejaron hasta la mañana, como Moisés había mandado; y no se pudrió, ni se instaló ningún gusano. Moisés dijo: Cómelo hoy, porque es día de reposo; hoy no encontrarás ninguno en el campo. Durante seis días lo recogerás; pero el séptimo día, que es sábado, no habrá ninguno. El séptimo día, algunos del pueblo salieron a recogerlo y no encontraron nada. Entonces el Señor dijo a Moisés: ¿Hasta cuándo te negarás a guardar mis mandamientos y mis leyes? Mira que el Señor te ha dado el día de reposo; por tanto, el sexto día os da de comer durante dos días. Que cada uno permanezca en su lugar y que nadie abandone su lugar el séptimo día. Y el pueblo descansó el séptimo día. " Éxodo 20: 8 - 11 *" Acuérdate del día de descanso para santificarlo. Trabajarás seis*

días y harás todo tu trabajo. Pero el séptimo día es el día de reposo del Señor tu Dios; no harás ningún trabajo, ni tú, ni tu hijo, ni tu hija, ni tu siervo, ni tu, ni tu ganado, ni el extraño que está en tus puertas. Porque en seis días hizo Jehová los cielos, la tierra, el mar y todo lo que hay en ellos, y reposó el séptimo día; por tanto, Jehová bendijo el día de reposo y lo santificó. " Éxodo 16: 4-5 " *El Señor dijo a Moisés: He aquí, yo la lluvia para que el pan del cielo. El pueblo saldrá y recogerá la cantidad necesaria día a día, para que yo los pruebe y vea si andan o no conforme a mi ley. El sexto día, cuando preparen lo que han traído, habrá el doble de lo que recojan día a día.* "

Levítico 26: 34-37 " *Entonces la tierra disfrutará de sus sábados, mientras esté desolada y tú estés en la tierra de tus enemigos; entonces la tierra descansará y disfrutará de sus sábados. Mientras él esté devastado, tendrá el descanso que no tuvo en sus sábados mientras moraba en él. Haré que los corazones de aquellos de ustedes que sobreviven, en los países de sus enemigos, sean tímidos; el sonido de una hoja movida los perseguirá; Huirán como se huye de la espada, y caerán sin ser perseguidos. Caerán unos sobre otros como delante de la espada, sin ser perseguidos. No existirás en presencia de tus enemigos "*

EL SELLO DE DIOS PROTEGE:

16. ¿Por qué Dios está retrasando la destrucción final? *Apocalipsis 7:13*

" No toques la tierra... hasta que tengamos .... del sello .... el... .... de .... De nuestro Dios ".

Nota: Dios no permitirá que los vientos de la guerra final soplen y traigan destrucción a la tierra hasta que Su pueblo haya recibido Su marca. Los vientos, en profecía, representan guerra, destrucción, derramamiento de sangre; *Jeremías 25: 31-3, 49: 36-37:*

17. Hasta cuando el anuncio del mensaje divino de su sello debe ir?

Apocalipsis 14: 6

" .... A todos ...., Hasta luego .... a todos ...., a todos .... "

Nota: Veremos que el sello de Dios es una parte importante del mensaje de los tres ángeles de *Apocalipsis* " 14 ". Será proclamado en toda la tierra. Y con gran poder, justo antes del regreso de Jesús. Recuerde que el " *sello* ", " *marca* " *y* " *signo* ", a menudo son sinónimos en la Biblia; *Romanos 4:11; Ezequiel 9: 4; Apocalipsis 7: 2-3*

18. ¿Cómo la escritura usa simbólicamente el sello?

Romanos 4:11; Ezequiel 9: 4; Apocalipsis 7: 2-3

" Como .... de la justicia por la fe Obtenida............... ". No llores al santo ....;; a través del cual has sido .... "

Nota: Un sello puede validar una verdad o un requisito divino. También indica propiedad o aprobación de Dios.

19. Un sello debe contener tres cosas; cuáles?

Los sellos se utilizan para autenticar documentos legales. Deben llevar el **NOMBRE, el TTIRE** y el **TERRITORIO** sobre el que ejerce.

20. Identifica el sello de Dios su ley.

Éxodo 20: 3-17

" Nosotros ... .día es .... (resto) de ....; tu Dios .... porque el Señor tiene .... la tierra y los cielos ".

Nota: El cuarto mandamiento es el sello de Dios fijado a su ley porque contiene el nombre de - " ***El Señor tu Dios*** ", *el* título de Creador - " ***él hizo*** ", y la extensión de la tierra - " ***los cielos y la tierra*** ".

UN SELLO DESTACADO DE DIOS, UN SELLO VISIBLE.

21. ¿Cuál es la señal (o sello) del poder redentor y creativo de Dios?

Ezequiel 31:17, Ezequiel 20:12 Apocalipsis 4:10

Nosotros …… ……..es la señal de que Dios es Creador y Redentor.

Nota: Dios mismo hizo el sábado en la creación, y él mismo proclamó que el sábado era una señal de su poder creativo y redentor.

22. ¿Dónde está el sello de Dios fija? *Apocalipsis 7: 3*

" ……… ……. en su ……………….. "

Nota: La frente representa el espíritu. Servimos a Dios con nuestro espíritu; (*Romanos 7:25.*) Por eso, cuando damos nuestro consentimiento para guardar el sábado de Dios, estamos sellados en nuestra mente, representados por nuestra frente.

23. ¿ Cuándo creó Dios el sábado? *Génesis 2: 1-4*

Cuando *" Él creó el ………. Y el.............. "*

Nota: Después de los primeros seis días de la creación, Dios hizo el sábado en el séptimo día.

24. ¿Qué hizo Dios el sábado con?

Éxodo 20: 10

Con *" el séptimo*
……………………. …….. " Que es el sábado.

Nota: Dios tomó un día de veinticuatro horas, el día 7 de la semana, para convertirlo en sábado. Está hecho de tiempo, y el tiempo es lo que se necesita para desarrollar una verdadera amistad con el Señor. Él me da 24 horas a la semana de su precioso tiempo para que Él y yo podamos convertirnos en amigos cercanos. ¿Cómo podría despreciar una oferta así?

25. ¿Qué hizo Dios para que el sábado fuera especial?

Génesis 2: 2-3

" Él consiguió ….. el séptimo día… y Dios tiene….. el séptimo día y tiene …… "

Nota: " *Santificar* " significa apartar para uso santo.

26. ¿Cuánto dura la bendición divina?

1 crónica 17:27

"............. es bendecido por.............. "

27. ¿ Para quién hizo Dios el sábado?

San Marcos 2: 27-28

" El sábado fue hecho para ……… ……… "

Nota: Algunos dicen que el sábado fue hecho solo para los judíos y no para los gentiles. Jesús dijo lo contrario. Ha sido hecho para la humanidad, para las personas, en todas partes, desde el principio de los tiempos.

28. ¿Qué mandamiento se da acerca del sábado?

" Recuerda el día de descanso para ……………………… …….. "

Nota: Este mandamiento es tan claro que se necesita un gran esfuerzo para no entenderlo. Él es el único que comienza diciendo: " Recuerda ". Dios sabía que el Hombre se olvidaría.

EL SÁBADO DEL NUEVO TESTAMENTO

29. ¿Se han derogado los Diez Mandamientos?

Lucas 16:17

No. *" Es más que .... y el .... pase que es sólo uno .... de la ley viene a caer ".*

Nota: *la ley de Dios y sus mandamientos son uno y el mismo;* Mateo 5: 17-19 Romanos 13: 8-10

30. ¿Qué día guardaban Pablo y Jesús?

" El día de .... "

31. ¿Cómo puedo afectarme saber que Jesús guardó el sábado? 1 Pedro 2:21

Debo seguir .... ejemplo.

Nota: Ya que Jesús me dejó un ejemplo al guardar el sábado, ciertamente querré seguirlo guardándolo también.

32. ¿Los cristianos de origen pagano guardaban el sábado?

Respuesta: ....

....

Nota: El versículo 43 dice que estos paganos, que guardaban el sábado, también vivían bajo la gracia.

33. ¿Pensó Jesús que sus discípulos guardarían el sábado después de su resurrección?

Mateo 24: 20

Sí, les ordenó orar para que su huida, durante la destrucción de Jerusalén, no se produzca en un día de ....

Nota: Cuando dijo esto, Jesús sabía que Jerusalén no sería destruida hasta (40) cuarenta años después. Por lo tanto, esperaba que sus discípulos oraran para poder guardar el sábado 40 años después de su muerte y resurrección.

EL PUEBLO DE DIOS IDENTIFICADO

34. ¿Cómo identifica Apocalipsis a los que serán salvos?

Apocalipsis 14: 12

Como la gente que *" ... . el .... de Dios y tiene el... .... de Jesús "*

Nota: Esto implica la observancia del sábado, ya que es el cuarto mandamiento.

35. ¿Por qué es tan grave quebrantar la ley de Dios?

1 Juan 3: 4 Romanos 6:23

Porque *" nosotros .... Es la transgresión de la ley y la e paga del pecado es....... "*

36. ¿A qué pecado específico se refiere Dios en Isaías? *Isaías 58: 1 - 14 " Clama en voz alta, no te detengas, alza tu voz como trompeta, y proclama sus iniquidades a mi* *pueblo, sus pecados a la casa de Jacob. Cada día me buscan, ellos quieren saber mis caminos; Como nación que ha practicado la justicia y no ha abandonado la ley de su Dios, Me piden juicios de justicia, Desean la venida de Dios. - ¿De qué sirve el ayuno, si no lo ves? ¿Para mortificar nuestra alma, si no la tienes en cuenta? -Aquí, el día de tu ayuno, complaces tus inclinaciones, Y tratas con dureza a todos tus asalariados. He aquí, ayunas para pelear y para pelear, para golpear perversamente con tu puño; No ayunas como hoy, para que tu voz se escuche en lo alto. ¿Es este el ayuno que me deleita, un día en que el hombre humilla su alma? Inclina tu cabeza como un torrente, y acuéstate sobre cilicio y ceniza, ¿es esto a lo que llamas ayuno, día agradable al Señor? Este es el ayuno en el que me deleito: suelta las cadenas de la maldad, suelta las cadenas de la servidumbre, libera a los oprimidos, y quebranta toda clase de yugo; Comparte tu pan con el que tiene hambre, y trae a tu casa a los pobres que no tienen asilo; Si ves a un hombre desnudo, cubrir él, Y no te escondas de tu prójimo. Entonces tu luz brillará como el amanecer, y tu curación brotará rápidamente; Tu justicia irá delante de ti y la gloria del Señor te acompañará. Entonces llamarás, y el Señor te responderá; Gritarás y él dirá: ¡Aquí estoy! Si quitas el yugo de en medio de ti, los gestos amenazantes y el habla injuriosa, si das tu propio sustento al hambriento, si sacias el alma necesitada, tu luz se alzará sobre las tinieblas y tus tinieblas. será como el mediodía. El SEÑOR siempre será tu guía; Él saciará tu alma en los lugares secos, Y fortalecerá tus miembros; Serás como un jardín regado, como un manantial cuyas aguas nunca se secan. El suyo será reconstruir sobre las ruinas antiguas, Usted se levantará antiguos cimientos; Serás llamado reparador de brechas, el que restaura los caminos, el que hace habitable el campo. Si te contienes el pie en el día de reposo, por lo que no hace su voluntad en mi día santo, si te deleitas en el día de reposo, para santificar al Señor por glorificándolo, y el honor de él por no seguir sus formas, al no caer en tus inclinaciones y en vano hablar, entonces te deleitarás en el Señor, y yo te haré subir a las alturas de la tierra; Te haré gozar de la herencia de tu padre Jacob; Porque la boca del Señor ha hablado "*

EL PUEBLO NO RESPETÓ EL SÁBADO.

Nota: Dios llama pecado a la transgresión del sábado. En los días de Isaías, la gente pisoteó este mandamiento. Los hombres de hoy están haciendo lo mismo. El mandato de Dios es " clamar en voz alta " y explicarles el sábado. Jesús el Buen Pastor, sabe que sus Ovejas lo seguirán con alegría guardando el sábado cuando entiendan, porque aman a su Maestro y quieren agradarle.

37. ¿Qué día observarán los elegidos en la tierra nueva?

Isaías 66: 22-23

Nosotros

....

38. ¿Por qué obedeceré a Dios?

Juan 14; 15

Porque amo a mi ....

39. ¿Qué debo hacer para adorar a Dios como Creador?

Éxodo 20: 8-11

" Recuerda el día de .... para ...., porque en 6 días el Señor hizo el .... y el...... ".

Nota: Dios ordena que santifique el sábado como prueba de que lo acepto y lo adoro como el Creador.

40. ¿Por qué la observancia del sábado debería ser una fuente de gozo?

Porque es el día de ....

Nota: ¡ Recuerde! Jesús participó en la creación de todo en colaboración con su Padre. *(John 1: 1- 3, 10, 14; Hebreos 1: 1- 2; Efesios 3: 9; Colosenses 1: 13-17)*. Esto, por supuesto, incluye el sábado. El sábado da alegría a los cristianos porque se centra en Dios. Es **SU DÍA.** Representa su poder para crear, su amor, su poder para salvar del pecado y sus milagros. Y, más agradablemente, YAHWEH Santo Dios apartó este día para estar con nosotros y ayudarnos a llegar a ser como Él. En el Edén, Dios le dio al hombre dos instituciones para que pudiera ser completamente feliz: el matrimonio y el sábado. Dios ciertamente se entristece de ver a tantas personas hoy en día que a menudo ignoran y subestiman estos dos dones y, por eso, viven vidas de miseria y miseria.

41. En *los pantalones vaqueros 14: 15,* Jesús dijo: " *Si me amáis guardad mis mandamientos* ". **¿Amas a Jesús lo suficiente como para guardar todos sus mandamientos sin demora?**

Respuesta: ....

MAYORES RIESGOS " 666 " DE LOS DERROTADORES DEL SANTO SÁBADO DE DIOS

Las iglesias populares se avergüenzan porque, como hemos visto anteriormente. Prácticamente todas las iglesias admiten en sus oficiales los documentos, no hay ningún mensaje en las escrituras para la santidad del domingo. **Por lo**

tanto prov i en dr está entonces el origen del culto dominical mundialmente aceptada en el culto? De la Roma pagana. Llamó el primer día de la semana, el domingo. Traducido al inglés por SUNDAY, que literalmente significa Sun Day. **¿Existe una relación directa entre el culto solar originario de Roma y el domingo?**

El "**Dies Solis**" **que** significa "dios del sol", que Roma adoraba antes de su cambio al culto católico en su forma actual, **¿cómo llegó a ser la divinidad oficial de la Iglesia de Roma?** Una vez que el santuario de Italia, construido en esta ciudad, el impacto en la continuación de los mandamientos de Dios, en particular el del sábado, ¡llevó a la profanación del SÁBADO SANTO DE DIOS! Haciendo así al "dios Sol ", el "dios" del imperio bajo el reinado de su emperador Constantino. Tomando oficialmente estas sedes en la ciudad del VATICANO en 538 según varias fuentes históricas, con la solemnidad de adoración el DOMINGO. Domingo se traduce mejor por el anglicismo DOMINGO que significa "DÍA del SOL", que se opone al SÁBADO del SÁBADO. Obviamente en el origen de pretexto para la nueva doctrina, Roma evocó el domingo como el día en que el Señor fue resucitado, y confirió la solemnidad del Domingo de origen romano, a una voluntad divina, una vez que el matrimonio satánico entre las doctrinas paganas y la presuntas similitudes entre la resurrección de Jesús el domingo. Sin embargo, la perfecta voluntad de Dios que no adolece de ninguna ambigüedad en las tablas de la Alianza, bien declara los Diez Mandamientos: " *Acuérdate del día de reposo para santificarlo.* " *Recuerda* " se dice como si Dios evocara un cierto recordatorio a los Hombres, sabiendo que todos iban a media asta de este mandamiento, que también se califica como señal entre Dios y su pueblo. Decimos en resumen que la profanación del único día eternamente santo que es el SÁBADO del SÁBADO, no es solo una voluntad malsana de desafiar a Dios a través de los diez mandamientos como Roma sabe hacer tan bien, sino que es la explicación segura de la aplicación del signo de la Bestia en la mano, como consecuencia de la eterna perdición de las almas, por haber perseguido intereses mercantiles, en lugar del DIOS VIVIENTE. La Biblia advierte que todos los habitantes del mundo se van a llevar este "666". Apocalipsis (*Ver los tres temas abordados dedicándole el tema del '' 666 '' de esta serie, es decir los Temas N ° 4, 5 y 6 de la presente colección '' ¡ Ojalá el que lee preste atención! '')*

a) El Gran Signo de la Bestia, el (666) revelado.

b) ¿Cómo tomaron ya los Hombres la (666) Señal de la Bestia en la Frente?

La observancia del domingo como día de reposo para reemplazar al sábado, ¿no estaría relacionada con la marca del " 666 " en la mano? Ezequiel 20: 10-12

" Y los saqué de la tierra de Egipto y los traje al desierto. Les di Mis leyes y les di a conocer Mis ordenanzas, que el hombre debe poner en práctica para vivir de acuerdo con ellas. También les di mis sábados como señal entre ellos y yo, para que supieran que yo soy el Señor que los santifica. "

Nota: Resumimos diciendo que la marca del sello invisible de Dios es el Espíritu Santo dado a los cristianos por el bautismo en el nombre de Jesucristo por inmersión en aguas. En cuanto a su sello visible y su poder distintivo, es el santo sábado y su observancia. Mientras que la marca o signo del poder de la Bestia en materia religiosa es el domingo y su observancia. Las fuentes católicas y romanas, demasiado numerosas para ser citadas aquí, dan testimonio de este cambio.

SENTENCIA DE DIOS CONTRA LOS ADORADORES DE LA SEÑAL DE LA BESTIA `` 666 ", TOMADA EN LA MANO POR LA PROFANACIÓN DEL SANTO SÁBADO, CONTRA LA OBSERVACIÓN DEL DOMINGO `` DOMINGO "

El sol, que fue deificado durante milenios, será también el elemento por el cual caerá la sentencia para la destrucción de los Hombres en el juicio final de Dios, al fin del mundo. ¡Que los hombres comprendan muy bien lo que está en juego en sus actos, que erróneamente consideran inocuos!

NB: En el resto de este estudio de la Biblia, vamos a ver cómo va pronto OT impuesto la marca de la bestia " 666 " en la mano, por olvido e insuficiencia t para observar el cuarto mandamiento del día de reposo de Dios dado a Moisés.

CUARTO MANDAMIENTO

" Acuérdate del día de descanso para santificarlo. Trabajarás seis días y harás todo tu trabajo. Pero el séptimo día es el día de reposo del Señor tu Dios; no harás obra alguna, ni tú, ni tu hijo, ni tu hija, ni tu siervo, ni tu sierva, ni tu ganado, ni el extranjero. que está en tus puertas. Porque en seis días hizo Jehová los cielos, la tierra, el mar y todo lo que hay en ellos, y reposó el séptimo día; por tanto, Jehová bendijo el día de reposo y lo santificó. "

IMPORTANCIA DEL SÁBADO

42. ¿Cuáles fueron los beneficios de guardar los sábados en el pasado? Éxodo 16: 23-29

" Y Moisés les dijo: Esto es lo que mandó el SEÑOR. Mañana es el día de reposo, el sábado

consagrado al Señor; Cocine lo que tenga que cocinar, hierva lo que tenga que hervir, y ponga en reserva hasta la mañana todo lo que quede. Lo dejaron hasta la mañana, como Moisés había mandado; y no se pudrió, ni se instaló ningún gusano. Moisés dijo Coma - que hoy en día, ya que es el día de reposo; hoy no encontrarás ninguno en el campo. Durante seis días lo recogerás; pero el séptimo día, que es sábado, no habrá ninguno. El séptimo día, algunos del pueblo salieron a recogerlo y no encontraron nada. Entonces el Señor dijo a Moisés: ¿Hasta cuándo te negarás a guardar mis mandamientos y mis leyes? Mira que el Señor te ha dado el día de reposo; por tanto, el sexto día os da de comer durante dos días. Que cada uno permanezca en su lugar y que nadie abandone su lugar el séptimo día. Y el pueblo descansó el séptimo día. "Éxodo 16: 4 - 5 " Y el Señor dijo a Moisés: He aquí, te haré llover pan del cielo. El pueblo saldrá y recogerá la cantidad necesaria día a día, para que yo los pruebe y vea si andan o no conforme a mi ley. El sexto día, cuando preparen lo que han traído, habrá el doble de lo que recojan día a día. "

43. ¿Quién había guardado el sábado primero? *Éxodo 20: 8 - 11*

" Acuérdate del día de descanso para santificarlo. Trabajarás seis días y harás todo tu trabajo. Pero el séptimo día es el día de reposo del Señor tu Dios; no harás ningún trabajo, ni tú, ni tu hijo, ni tu hija, ni tu siervo, ni tu, ni tu ganado, ni el extraño que está en tus puertas. Porque en seis días hizo Jehová los cielos, la tierra, el mar y todo lo que hay en ellos, y reposó el séptimo día; por tanto, Jehová bendijo el día de reposo y lo santificó. "

44. ¿Cuál fue el castigo de la gente en el pasado por negarse a observar los sábados? *Levítico 26:34 - 37*

" Entonces la tierra disfrutará de sus sábados mientras esté desolada y tú estés en la tierra de tus enemigos; entonces la tierra descansará y disfrutará de sus sábados. Mientras él esté devastado, tendrá el descanso que no tuvo en sus sábados mientras moraba en él. Haré que los corazones de aquellos de ustedes que sobreviven, en los países de sus enemigos, sean tímidos; el sonido de una hoja movida los

perseguirá; Huirán como se huye de la espada, y caerán sin ser perseguidos. Caerán unos sobre otros como delante de la espada, sin ser perseguidos. No existirás en presencia de tus enemigos "

45. ¿Si Dios hubiera permitido que su pueblo reconociera su día de descansar, y la comunión con Él en exclusiva? *Éxodo 16: 4-5*

" El Señor dijo a Moisés: He aquí, te haré llover pan del cielo. El pueblo saldrá y recogerá la cantidad necesaria día a día, para que yo los pruebe y vea si andan o no conforme a mi ley. El sexto día, cuando preparen lo que han traído, habrá el doble de lo que recojan día a día. "

46. ¿Cuántos años duró la gracia salvadora de guardar el santo sábado por parte del pueblo israelita en el desierto? *Josué 5: 6*

" Porque los hijos de Israel habían caminado cuarenta años por el desierto. "

47. En la época de Ezequiel, ¿cuál era la preocupación de Dios? Ezequiel 22: 26

" Sus sacerdotes violan mi ley y profanan mis santuarios, no distinguen lo que es santo de lo profano, no dar a conocer la diferencia entre lo que es impuro y lo puro, se ven lejos de mis días de reposo, y estoy profanadas entre ellos ".

Nota: Esto todavía sucede hoy. Varios líderes de la iglesia dicen: " *No hay diferencia entre el sábado y el domingo* ". *Pero Dios siempre repite: " desprecias mis santuarios, profanas mis sábados " (* Ezequiel 22: 8).

48. ¿Qué dice Dios sobre los intentos de cambiar su ley? Deuteronomio 4: 2

" No agregarás nada a lo que te mando, ni tomarás nada de ello; pero guardarás los mandamientos del SEÑOR tu Dios, como yo te mando. "

Nota: Las iglesias populares están avergonzadas porque, como hemos visto anteriormente, prácticamente todas las iglesias admitieron en sus textos oficiales que no hay ningún mensaje en las escrituras a favor de la santidad dominical.

49. ¿Dónde está el origen del culto dominical vienen de?

Nota: De la Roma pagana. Llamó el primer día de la semana, el domingo. Traducido al inglés por SUNDAY, que literalmente significa Sun Day.

SENTENCIA DE DIOS CONTRA LOS ADORADORES DE LA SEÑAL DE LA BESTIA `` 666 ", TOMADA EN MANO POR LA DESFANACIÓN DEL SANTO SÁBADO DEL SÁBADO, CONTRA LA OBSERVACIÓN DEL DOMINGO `` DOMINGO "

CONSECUENCIA DEL ABANDONO DEL SANTO SÁBADO DE DIOS Y DEL CULTO AL SOL DEL MILENIO DURANTE

50. El "Dies Solis". El `` dios sol " que Roma incitó a toda la tierra a adorar, ¿no tendría consecuencias? 2 Pedro 3: 10-14

" El día del Señor vendrá como ladrón; en este día los cielos pasarán con estrépito, los elementos ardientes se disolverán "

Nota: El sol, que fue deificado durante milenios, será también el elemento por el cual caerá la sentencia para la destrucción de los Hombres en el juicio final de Dios, al fin del mundo. ¡Que los hombres comprendan muy bien lo que está en juego en sus actos, que erróneamente consideran inocuos!

51. En este sentido, ¿qué papel jugará el " sol " en el regreso de Jesús al fin del mundo? 2 Pedro 3: 10-14

" Y la tierra con las obras que contiene será consumida. Por tanto, puesto que todas estas cosas deben ser disueltas, qué santidad de vuestra conducta y vuestra piedad no deben ser, mientras aguardan y apresuran la venida del día de Dios, por causa del cual los cielos ardientes se disolverán y los elementos ardientes se disolverán? ¡se derretirá! Pero estamos esperando, según su promesa, cielos nuevos y tierra nueva, donde morará la justicia. Por tanto, amados, mientras esperan estas cosas, esfuércense por ser hallados por él sin mancha y sin mancha en paz. "

52. Este mismo " sol " tan adorado los domingos durante siglos, ¿para qué servirá después de la segunda resurrección de los pecadores? *Apocalipsis 20: 9-10*

" Y subieron a la faz de la tierra, y se apoderaron del campamento de los santos y de la ciudad amada. Pero un fuego descendió del cielo y los devoró. Y el diablo, que los engañaba, fue arrojado al lago de fuego y azufre, donde están la bestia y el falso profeta. Y serán atormentados día y noche, por los siglos de los siglos. "

CONCLUSIÓN

E Xodus 63: 7-19 " *Anunciaré las gracias del Señor, alabado sea el Señor, De acuerdo con todo lo que el Señor ha hecho por nosotros; yo voy a hablar de su gran bondad a la casa de Israel, a quien ha tratado de acuerdo a sus pasiones y la riqueza de su amor. Él había dicho: ¡Ciertamente son mi pueblo, hijos que no serán infieles! Y él fue un salvador para ellos. En toda su angustia no estaban indefensos, y el ángel que está antes su rostro los salvó; él mismo los leyó redimidos, en su amor y misericordia, y constantemente los sostuvo y los llevó, en los viejos tiempos. Pero fueron rebeldes, entristecieron su espíritu santo; y él se convirtió en su enemigo, luchó contra. ellos Entonces su pueblo se acordó de los viejos tiempos de Moisés: ¿Dónde está el que les hizo subir del mar, con la? pastor de su rebaño ¿Dónde está el que puso su santo espíritu en medio de ellos; que dirigió la diestra de Moisés, Por su brazo glorioso; Quien dividió las aguas delante de ellos, para hacerse un nombre eterno; Quien los guió a través de los f lotes, como un caballo en los dados ert, ¿no deben tropezar? Como la bestia que desciende al valle, el Espíritu del Señor los ha hecho descansar. Así es como guiaste a tu pueblo, para hacerte un nombre glorioso. Mirada del cielo, y ver, desde tu santa y gloriosa morada lugar: ¿Dónde está tu celo y tu poder? El estremecimiento de tus entrañas y tus misericordias ya no se sienten hacia mí. Sin embargo, tú eres nuestro padre, porque Abraham no nos conoce e Israel no sabe quiénes somos; Eres tú, Eterno, nuestro padre, quien, desde la eternidad, te llamó nuestro salvador. ¿Por qué, oh SEÑOR, nos haces errar en tus caminos y endureces nuestro corazón contra tu temor? Vuelve, por amor de tus siervos, de las tribus de tu heredad. Tu pueblo santo ha poseído la tierra por poco tiempo; Nuestros in Nemis han pisado tu santuario. Durante mucho tiempo hemos sido como un pueblo al que no gobiernas, y que no llama por tu nombre...* "

RESUMEN

7. ¿Por qué Dios nos pide que conozcamos la señal de la Bestia? *Apocalipsis 13: 15 - 18*

8. ¿Quién está dando esta advertencia? *Apocalipsis 3:19*

9. ¿Por qué Dios les pide a los ángeles que detengan los vientos de la destrucción final? Apocalipsis 7: 1-3

CÓMO HAN LLEVADO YA LOS HOMBRES AL 665 EN EL FRENTE.

10.¿Se anuncia el 666 en las epístolas? *1 par de jeans 2: 18-20*

CÓMO SE INDICA EN LA MANO LA SEÑAL DE RECONOCIMIENTO DOCTRINAL DEL 666

11.Entonces, ¿cuál es la señal de la bestia marcada en la mano?

ESCUCHEMOS LO QUE DICE EL VATICANO DE SÍ MISMO:

12.¿Existe alguna otra evidencia de este cambio?

13.¿El jefe de la Iglesia Católica ha cambiado el 4º mandamiento? *Daniel 7:25*

14.En la época de Ezequiel, ¿cuál era la preocupación de Dios? *Ezequiel 22: 26*

15.¿Qué dice Dios sobre los intentos de cambiar su ley? *Deuteronomio 4: 2*

CÓMO SE RECIBE LA MARCA EN LA MANO

EL SELLO DE DIOS PROTEGE:

16.¿Por qué Dios está retrasando la destrucción final?

17.Hasta cuando el anuncio del mensaje divino de su sello debe ir? *Apocalipsis 14: 6*

18.¿Cómo la escritura usa simbólicamente el sello?

EL SELLO DE UN GOBIERNO

19.Identifica el sello de Dios su ley.

UN SELLO DESTACADO DE DIOS, UN SELLO VISIBLE.

20.¿Cuál es la señal (o sello) del poder redentor y creativo de Dios?

EL SANTO SÁBADO DE DIOS

21.¿Cuándo creó Dios el sábado? *Génesis 2: 1-4*

22.Lo que hizo Dios el sábado con? *Éxodo 20: 10*

23.¿Qué hizo Dios para que el sábado fuera especial? *Génesis 2: 2-3*

24.Quien hizo Dios el día de reposo para? *San Marcos 2: 27-28*

25.¿Qué mandamiento se da con respecto al sábado?

EL SÁBADO DEL NUEVO TESTAMENTO

26.¿Han sido abrogados los Diez Mandamientos? *Lucas 16:17*

27.¿Qué día guardaban Pablo y Jesús?

28.¿Cómo me puede afectar saber que Jesús guardó el sábado? *1 Pedro 2:21*

29.¿Los cristianos de origen pagano guardaban el sábado?

Respuesta:

30.¿Pensó Jesús que sus discípulos guardarían el sábado después de su resurrección? Mateo 24: 20

EL PUEBLO DE DIOS IDENTIFICADO

31.¿Cómo identifica Apocalipsis a los que serán salvos? *Apocalipsis 14: 12*

32.¿Por qué es tan serio quebrantar la ley de Dios? *1 Juan 3: 4 Romanos 6:23*

33.¿A qué pecado específico se refiere Dios en Isaías? *Isaías 58: 1, 13*

34.¿Qué día observarán los elegidos en la tierra nueva? *Isaías 66: 22-23*

35.¿Por qué voy a obedecer a Dios? *Juan 14; 15*

36.¿Qué debo hacer para adorar a Dios como Creador? *Éxodo 20: 8-11*

37.¿Por qué la observancia del sábado debería ser una fuente de gozo?

38.¿Amas a Jesús lo suficiente como para guardar todos sus mandamientos sin demora?

Respuesta: ....
....

MAYORES RIESGOS " 666 " DE LOS DERROTADORES DEL SANTO SÁBADO DE DIOS

SENTENCIA DE DIOS CONTRA LOS ADORADORES DE LA SEÑAL DE LA BESTIA `` 666 ' ', TOMADA EN LA MANO POR LA PROFANACIÓN DEL SANTO SÁBADO, CONTRA LA OBSERVACIÓN DEL DOMINGO `` DOMINGO '' CUARTO MANDAMIENTO

IMPORTANCIA DEL SÁBADO

39.¿Cuáles fueron los beneficios de guardar los sábados en el pasado? Éxodo 16: 23-29

40.¿Quién había observado el sábado primero? Éxodo 20: 8 - 11

41.¿Cuál fue el castigo de la gente en el pasado por negarse a observar los sábados? Levítico 26:34 - 37

42.¿Había permitido Dios que su pueblo reconociera su día de descanso y de comunión exclusivamente con él? Éxodo 16: 4-5

43. ¿Cuántos años duró la gracia salvadora de guardar el santo sábado por parte del pueblo israelita en el desierto? Josué 5: 6

44.En la época de Ezequiel, ¿cuál era la preocupación de Dios? *Ezequiel 22: 26*

45.¿Qué dice Dios sobre los intentos de cambiar su ley? *Deuteronomio 4: 2*

¿De dónde vino el origen del culto dominical vienen de?

SENTENCIA DE DIOS CONTRA LOS ADORADORES DE LA SEÑAL DE LA BESTIA `` 666 '', TOMADA EN MANO POR LA DESFANACIÓN DEL SANTO SÁBADO DEL SÁBADO, CONTRA LA OBSERVACIÓN DEL DOMINGO `` DOMINGO ''

CONSECUENCIA DEL ABANDONO DEL SANTO SÁBADO DE DIOS Y DEL CULTO AL SOL DEL MILENIO DURANTE

46.El '' Dies Solis ''. El `` dios sol '' que Roma incitó a toda la tierra a adorar, ¿no tendría consecuencias? 2 Pedro 3: 10-14

47.En este sentido, ¿qué papel jugará el " sol " cuando Jesús regrese al fin del mundo? *2 Pedro 3: 10-14*

48.Este mismo `` sol '' tan adorado los domingos durante siglos, ¿para qué se usará después de la segunda resurrección de los pecadores? *Apocalipsis 20: 9-10*

CONCLUSIÓN

EN LA MISMA COLECCIÓN DE ESTUDIO BÍBLICO

EN LA MISMA COLECCIÓN DE ESTUDIO BÍBLICO:

1. LA PROFECÍA MÁS LARGA DE LA BIBLIA; TÍTULO I, EL BAUTISMO DE JESUCRISTO, EL ANUNCIO DEL SANTO DE LOS SANTOS.
2. LA PROFECÍA MÁS LARGA DE LA BIBLIA; TÍTULO II, LA PURIFICACIÓN DEL SANTUARIO, SATANÁS ES CAZADO DEL CIELO.
3. EL FIN DEL MUNDO EN LA BIBLIA Y LA SEÑAL DE LA BESTIA, EL " 666 ".
4. LA GRAN SEÑAL DE LA BESTIA, LA (666) REVELADA.
5. ¿CÓMO HAN TOMADO YA LOS HOMBRES LA SEÑAL (666) DE LA BESTIA EN EL FRENTE?
6. ¿CÓMO HAN TOMADO YA LOS HOMBRES (666) LA SEÑAL DE LA BESTIA EN LA MANO?
7. LOS DIEZ MANDAMIENTOS DE DIOS Y LA SALVACIÓN EN JESUCRISTO.

8. LOS TIEMPOS, EL PECADO DE JUDAS EN LA IGLESIA CONTEMPORÁNEA APOSTASIADO.
9. ¿CUÁLES SON LOS OTROS SIGNOS DE LA BESTIA?
10. EL FUNCIONAMIENTO DE LA IGLESIA APÓSTATA.
11. PARAÍSO Y ESPERANZA CRISTIANA.
12. LA IGLESIA, LOS CRISTIANOS.
13. ¿ QUIÉN ES EL VERDADERO DIOS?
14. ¡ HAY UN DIOS!
15. ¡ HAY UN SEÑOR!
16. ¡ HAY UN ESPÍRITU!
17. ¡ SOLO HAY UNA FE!
18. ¡ HAY UNA ESPERANZA!
19. ¡ HAY UN CUERPO!
20. ¡ SOLO HAY UN BAUTISMO!
21. EL SELLO DE DIOS EN EL APOCALIPSIS.
22. EL SELLO DEL DIABLO EN EL APOCALIPSIS.

23. DÍA CUANDO el Vaticano, la gran prostituta, LA MADRE DE LA NECESARIA será destruido.

24. AQUÍ ESTÁ LA GRAN SEÑAL DEL FIN DE LOS TIEMPOS Y EL REGRESO DE JESÚS DE CRISTO.

25. EL MOVIMIENTO ISLÁMICO DESCRITO EN EL LIBRO DEL APOCALIPSIS.

26. LA ÚLTIMA IGLESIA, LOS 144.000, EL REGRESO DEL SEÑOR JESUCRISTO Y LA ETERNIDAD.

27. VIGÉSIMO SÉPTIMA ESCRITURA: ¡EL TESTIMONIO! VIDA CRISTIANA Y TESTIMONIOS!

Printed by Books on Demand GmbH, Norderstedt / Germany